Widmung

Für die beiden Urenkelinnen der Autorin:
Claudia und Simone

Danksagung

Ich bedanke mich bei allen
Familienangehörigen, die mich bei den
Vorbereitungen und der Herausgabe
dieses Buches nicht nur pekuniär, son-
dern auch mit wertvollen Vorschlägen
unterstützt haben. So konnte dieser
Gedichtband gestaltet und verwirklicht
und damit ein Lebenstraum meiner lie-
ben Großmutter erfüllt werden.

Wolf Weise

Emilie Grützmacher

Gedichte

Eine Seelenbiographie

Herausgeber: Wolf Weise

VIWO Verlag

Herstellung: Books on Demand GmbH

Die Deutsche Bibliothek - CIP Einheitsaufnahme
Grützmacher, Emilie

Gedichte, eine Seelenbiografie
von Emilie Grützmacher: VIWO Verlag,

ISBN 3-8311-4050-2
© copyright 2002, VIWO, Sevenig

Herausgeber:	Wolf Weise
Redaktion:	Wolf Weise
Mitarbeit:	Claudia Pöppel
Layout und Gestaltung:	Uwe Turek
Lektorat:	Sabine Babbel-Monzel
Fotos:	Nachlass u.Tourist Information Boppard/Rh.
Erste Sammlung und	
Abschriften der Gedichte:	Ingeborg Beer
Alle Rechte vorbehalten	All rights reserved

Wolf Weise
Dorfstr. 18
54617 Sevenig/Our

Inhaltsverzeichnis

Glockenlied der Liebe.

Jungsein ist Feuerkraft der Liebe!
Jungsein ist Wolkenschritt und Stein!
...ziegt der Wald, beflügt mit neuen Trieben
Und junge Formen gärtnert im Gestein.

Der Heidebusch trägt seidene Strümpfe,...
Zu Haal will am Hochzeitskleid,...
Mit Jotterblumen sind bestickt die Sümpfe,....
Nun steht im Frühlingsgarn das Weideleid.

Mein altes Herz ist jung geblieben,
Obgleich mein schönster Traum versank,
Kann es den Frühling noch mit innig lieben
Und weiß dem Schöpfer aller Kräfte Dank!

Die Autorin

Emilie Grützmachers Leben überspannt zwei Jahrhunderte, zwei Weltkriege, zwei Lebensräume. Sie wurde am 16.8.1889 in Boppard am Rhein geboren. Als Tochter der Rentmeisterfamilie Lindscheid verlebte sie den Großteil ihrer Kindheit und Jugend in der mittelalterlichen Alten Burg am Rhein, im Zentrum der Römerstadt Baudobriga, dem heutigen Boppard. „Hier haben wir Burgfräulein gespielt", bemerkt sie in ihren Memoiren mit dem Titel „Kinderland" und fährt fort: „In der Burg war viel Musik ... und es wurde viel gesungen und getanzt. Carl [ihr Bruder] war der beste Spieler [Musiker]."

Der Grundstein für eine musisch betonte Entwicklung Emilies war gelegt, die obendrein durch den Besuch der Höheren Privatmädchenschule, den sie genoß, gefördert wurde. Sie lebte froh, geborgen in der elterlichen Fürsorge, im „Mädchenzimmer der Burg", wie sie ihr Zuhause nennt.

Urplötzlich kam die bisher größte seelisch-traumatische Zäsur in ihr Leben. Ein für sie betäubend schreckliches Ereignis, von tiefem Schmerz gefolgt, der sie auch nie wieder verließ: Ihr über alles geliebter Bruder Carl fiel im Jahre 1914 als einer der ersten deutschen Soldaten in Frankreich. Damit fiel der Vorhang ihrer Unbeschwertheit. Die Spielzeit als wohlbehütetes „Burgfräulein" war zu Ende, ein Traum zerstört.

Ab hier scheint sich die Intensität ihres Schreibens zu steigern.

Das zeigt sich ganz deutlich in ihrem Gedicht „Zum Gedächtnis", entstanden anläßlich des Todes ihres Bruders Carl. Von nun an, bis an ihr Lebensende, setzt sie sich durch musische Aktivitäten mit ihren Gefühlen, Problemen und Situationen auseinander und versucht, diese besonders durch ihre Gedichte zu kompensieren und zu verarbeiten.

„Von der Burg aus habe ich auf den Hunsrück nach Altweidelbach geheiratet, am 12. Juni 1918, und bin eine 'Försterin' geworden", kommentiert sie – dorthin, wo ihr Mann Carl Grützmacher seine erste Försterstelle bekam. Beide Lebensstationen, erst gebildetes „Burgfräulein" aus der Stadt, dann gestandene Frau, Mutter von vier Kindern und „Försterin" auf dem Land, prägten ihre Lebensentwicklung und ihre dichterische Tätigkeit. Die Natur, gleich vor der Türe ihres Forsthauses, scheint tragendes Element ihrer Dichtung zu werden. Dabei sind die aus der Natur entlehnten Zustände in ihren Gedichten für sie nur ein Vehikel symbolischer Natur, welches sie nicht nur benutzt, um ihre Gefühlswelt auszudrücken, sondern auch, um sie zu verarbeiten, zu relativieren und insbesondere zu positivieren. Immer auf der Suche zum Licht – unbeirrbar auf dem Weg zum Göttlichen.

Der Lebenskreis schließt sich, als beide Ehepartner im Rentenalter wieder nach Boppard zurückziehen. Für Emilie ist es kein wirkliches Zurückkehren, es bleibt ein Weiterstreben auf dem Weg zur Erfüllung, zum Vorwärtsschauen, natürlich mit häufigen Rückblicken, auf der immerwährenden Suche nach Licht, um schließlich alles Dunkel zu erhellen.

Emilie Grützmacher verläßt die irdische Welt am 25.3.1976 und hinterläßt uns ihr Vermächtnis nicht nur zum Nachdenken, sondern um uns zu aktivieren, selbst den Weg zum Licht zu suchen und zu begehen, mit dem Ziel der vorbehaltlosen, bedingungslosen Liebe. Vorher schreibt sie noch resümierend in „Die Himmels-Schlüssel": „O ja, auch im Leben gibt es Wildheit – und Regen und Sturm, und dazwischen gute Sonnengeister. Gnadenvolle Augenblicke sind es, wenn die letzteren siegen." Und im „Kinderland" schreibt sie: „Und mein Herzchen sah das Licht - - das Licht, nach dem ich mich zeitlebens sehnte."

Ein gutes Leben, ein Leben mit Sinn und mit Gott. Ein Streben zum Licht, das war ihr Lebenslauf.

... Und es wird ein singend Früchten .....

—

Ein kleines Blumensträußchen

aus

meinem Gärtlein, für dich gepflückt

lieber Wolfgang,

damit du nie Deine Großmutter vergißt.

Zum 22. III. 1964. (Konfirmation)

Vorwort

Wie kommt es, daß ein Enkel die Gedichte seiner schon
lange verstorbenen Großmutter als Buch herausgibt?

Meine Mutter und ich lebten nach dem Tod meines Vaters
mit den Großeltern zusammen, und dabei hatte ich
Gelegenheit, meine Oma sehr gut kennenzulernen. Ich hörte
ihr beim Musizieren zu, las einige ihrer Gedichte und
Erzählungen, sah an den Wänden selbstgezeichnete Bilder
und Collagen aus getrockneten Wildblumen. Dann kam der
Fernseher in unsere Wohnung, ich war gerade dreizehn Jahre
alt. Das Beatles-Zeitalter war angebrochen, und ich als puber-
tierender Teenager genoß es, die Erwachsenen mit den
Rhythmen der englischen Musik zu provozieren.

Eines Tages hatte ich ein unvergeßliches Schlüsselerlebnis:
„Komm mal rüber ins Wohnzimmer, Jungchen", rief meine
Großmutter, „hier wird gerade ein interessantes Konzert im
Fernsehen übertragen!" Ich dachte nur: „O je, sicher klassische
Musik", und ging hinüber. Mir weiteten sich vor Erstaunen die
Augen: Unglaublich, Omi saß da, klopfte mit den Händen im
Rhythmus der Musik auf die Sessellehne und sah sich ein
Konzert der Beatles an. „Gut, nicht?" fragte sie, „verstehst Du
auch, was die zu sagen haben? Der Text ist wirklich toll, der
gefällt mir." Ich war damals des Englischen noch nicht so
mächtig, daß ich alles hätte verstehen können. So übersetzte
sie mir einige der Texte, und von nun an begann ich meine

Großmutter mit anderen Augen zu sehen. Sie war eine weltoffene Frau, an allem interessiert, was musischer Natur war, sei es klassisch oder modern.

Nun war meine Großmutter aus finanziellen Gründen leider nicht in der Lage, sich ihren Traum zu erfüllen – nämlich, ihre Gedichte als Buch herauszubringen. Auch hätte sie im Alter den mühsamen Weg der Verlagssuche nicht mehr auf sich nehmen können. Ich selbst jedoch hatte mit zunehmendem Erwachsenwerden eigene schreiberische Ambitionen entwickelt, zusätzlich „vorbelastet" durch meinen Vater, der ebenfalls Gedichte geschrieben hatte. So versprach ich ihr eines Tages, daß ich ihre Gedichte irgendwann einmal veröffentlichen würde und bin glücklich, daß ich dieses Versprechen heute einlösen kann.

Ein weiterer Grund, mich intensiver mit den Gedichten meiner Großmutter zu beschäftigen, war der Wunsch, ein tieferes Verständnis zu erlangen von dem, was sie mir in einem mir gewidmeten handgeschriebenen Gedichtbändchen sagen wollte. Damals, als Konfirmand, begriff ich wenig vom tieferen Sinn ihrer Gedichte, aber heute ist mir vieles verständlicher.

Nach dem Tod von Emilie Grützmacher lagen ihre Gedichte in handschriftlicher Form und unsortiert vor. Die thematische Zusammenstellung in Kapiteln wurde daher nachträglich vorgenommen und stammt nicht von der Autorin selbst. Die Originaltexte wurden unverändert übernommen, bis auf wenige Fälle, in denen Worte fehlten oder Wortwiederholungen

vorkamen. Fünfzehn Gedichte lagen, leicht variiert, in zwei-
oder dreifacher Form vor. In diesen Fällen haben wir diejenige
Variante in das Buch übernommen, die uns am aussagekräftig-
sten erschien. Alles andere ist die authentische Version der
Autorin.

Sevenig, im Juli 2002
Wolf Weise
(Enkel und Herausgeber)

Zu diesem Buch

Folgender Hinweis soll zum leichteren Verständnis beim Lesen beitragen:

Emilie Grützmacher hat häufig das Wort „Lied" verwendet, allerdings nicht immer in der allgemein üblichen Bedeutung. Da sie auch Musikerin war, hat der Begriff „Lied" in ihrem persönlichen poetischen Verstehen einen ganz besonderen Stellenwert. Ein Lied ist etwas Lebendiges für sie, und sie setzt es ein, um die Stimmung zu heben, um Probleme anzugehen, um Positives zu bewirken. Genau das bezweckt sie auch beim Schreiben eines Gedichtes, als Text zu einem Lied, als Text für das Leben. Je nach Zusammenhang steht deshalb das „Lied" in ihren Gedichten als Synonym für verschiedene Begriffe – allerdings immer für positive, so etwa für Liebe, Glück, Freude oder Seele, denn sie sieht das ganze Leben wie ein Lied.

Der nun folgende Gedichtteil ist das Lebenslied meiner Großmutter. Den Text dazu schrieb sie sich selbst.

Die Alte Burg - Boppard am Rhein

Rückblick und Erinnerung

Glückauf zum Sechzigsten

Mit dreißig hast Du froh gefreit,
Mit sechzig heut - wer weiß - bereut.
Nach Raupenart sich einzuspinnen,
Das ist, mir deucht, ein falsch Beginnen.
Solang die Brust noch Atem hat,
Besteht das Wort zur schönen Tat.
Gar mancher lacht im Myrtenjahr
Und weint nachher im Greisenhaar.
Fragt man ganz zart, wie ist's gewesen,
So lächelt er: Ich bin genesen.
Und daß es ist, so wie er spricht,
Steht klar im hohen Angesicht.
Vom Glück heißt es: Hüt es wie Glas,
Und von der Liebe sagt man - was?
Sie ist Uratem, Sein und Werden,
Wie wärst Du sonst - auch ich - auf Erden.
Wo Höchstes schwärzlich übertuscht,
Da hat der Teufel reingepfuscht.
Nur wer die Zügel fest behält,
Lenkt seine sechzig durch die Welt.
Gleicht er die Ecken stets durch Rundung,
Wird ihm die weiseste Gesundung.
Darum Glückauf an diesem Tag.
Hoch sechzig! - Voller Stundenschlag.

Auch Gräber haben ihr Singen

Heimat, ich ahne Dich wieder...
Das Nebelhorn hat mich geweckt,
Der Morgen hat tröstliche Lieder
An seine Mütze gesteckt.

Schulglöckchen ruft noch wie immer -
Das Rollen der Züge hallt lang.
Wie Liebkosen legt sich ins Zimmer
Der alte, trauliche Klang.

Nur die Stuben trauern in Stille,
Ein Menschenherz hämmert allein.
Am Grabe blieb Hoffnung und Wille -
Da bricht durch die Stube ein Schein.

Das ist die segnende Liebe,
Die der Himmel zuweilen verschenkt,
Die allbelebende Liebe,
Womit er das Schwache bedenkt.

Vielleicht auch ein mütterlich Grüßen,
In schmeichelndes Lichtgold versteckt,
Ein wundersam Wirken und Fließen,
Das Kräfte aus Kummer erweckt.

Es wird eine Flamme bezwingen
Den dunkelgewordenen Tag!
Auch Gräber haben ihr Singen
Für den, der zu lauschen vermag.

Rheinlied

Lachende Jugend, glutroter Wein,
Glutrote Rosen, alles war mein.
Schließ' ich die Augen, dann lächelt mein Mund:
Lieder der Heimat, Ihr macht mich gesund.

Lachende Menschen am lachenden Rhein,
Singen und Jauchzen und Küsse zu zwein!
Schließ' ich die Augen dann, bin ich nicht hier,
Bin in der Heimat, bin, Heimat, bei Dir.

Kühle Wellen und silberner Strand,
Spielende Kinder im sonnigen Sand!
Schließ' ich die Augen, dann bin ich so klein,
Bin in der Fremde doch immer allein.

Wandelnde Pärchen, schaukelnder Kahn,
Schluchzende Geigen - Ewigkeitswahn!
Schließ' ich die Augen und ist mir so wund -
Lieder der Heimat, Ihr macht mich gesund.

In meiner Heimat

In meiner Heimat, da klingt mein Schritt
So hell und froh durch die Straßen!
Es klingen so viele Töne mit
Von Liedern, die manche vergaßen.

Ich aber hob sie sorgsam auf -
So, wie ein Sammler wohl tut -
Sie gruben mit der Jahre Lauf
Sich tiefer und tiefer ins Blut.

In meiner Heimat, da bin ich ein Kind,
Von Mutterliebe umschlungen!
In meiner Heimat, da raunt der Wind
Von dem Hort der Nibelungen!

Ach, nirgends ist es so sonnig wie dort!
Meine Seele wird es doch wissen -
Denn nimmt man ihr die Heimat fort,
Wird ewig sie frieren müssen.

Die alte Burg meiner Heimat

Ich weiß eine steinalte Burg, dicht am Rhein,
Einem Kurfürsten früher zu eigen.
Drin lebten und lachten drei Mägdelein fein,
Jetzt gähnt in den Mauern das Schweigen.

Es steht eine uralte Linde davor
Wie ein Märchen, das wispert im Winde...
Und links - um das eisenbeschlagene Tor
Huscht ein Schatten - der Schatten der Sünde.

In die Burg kam das Glück! Wie feuriger Wein
Durchdrang es die Herzen, die Glieder,
Und es war ein Singen und Freuen und Frein,
Und von den Bergen, da hallte es wider.

Stolz rauschen die Wellen, sie schäumen zum Strand
Und umspielen das Spiel kleiner Füße.
Und manch eine sandige Trutzburg verschwand,
Barbarossa! Her und hin flattern Grüße.

Die Fürstenburg lächelt und blickt auf den Rhein,
Abendholde gießt Gold in die Falten!
Und ich hebe mein Glas und leere den Wein -
Denn ich liebe die beiden Alten.

Der deutsche Strom

Von einer Sternen-Aue
Blickt wohl ein Herz einmal
Auf unsre deutschen Gaue
Und auf den Strom im Tal.

Wir sind mit ihm verflochten
So fest durch Traubenblut -
Und oft schon ward gefochten
Um seine heil'ge Flut.

Die Rebenhänge reifen...
Er zeigt sein alt Gesicht.
Maschinen wühlen, greifen,
Der Strom versandet nicht.

Ihn küßt der Glanz der Sterne,
Die Mächte sind ihm gut.
Er gleicht im Wesenskerne
Dem Strom in unserm Blut.

Gespeist von ew'gen Quellen
 - Sie bürgen für das Sein -
Fließt er im Spiel der Wellen,
Rauscht er ins Allmeer ein.

Im Zauber der Heimat

Heimat - Dies Wort schließt schon allein
Den Schmerz der Fremde in sich ein.
Es läßt durch seine weiten Hallen
Den goldnen Strom der Kindheit wallen.
Wie träumt sich's gut an den Gestaden
Auf stolzer Burg - auf schlichten Pfaden.

Heimat - in Märchen taucht man ein!
Man greift in einen Zauberschrein,
Man wühlt in Schätzen, die wie Harfen singen,
Und findet Weisen, die metallen klingen.
Man badet sich in tausend Köstlichkeiten,
In lieben Scherzen der Vergangenheiten!

Mit hellem Licht kehrt dann der Blick
Ins wache Dasein ernst zurück. -
Ich hab' den Strom schon oft und oft befahren
Und weiß, daß es die schönsten Stunden waren.
Die Heimat festigt unsern Tritt und spannt die Saiten wieder,
Drum weiht' ich auch der Heimat meine Lieder.

Kinderland

O himmlische Weise...
Du duftender Flor...
Du Land ohne Falschheit und Fehle...
Komm, öffne Deine Gitter,
O öffne Dein Tor!
Den Labtrank zu reichen der Seele.

Mit irdischen Mängeln
Beladen - und wund,
Ein Dürstender, nah' ich der Quelle.
Wie rein ist Dein Wasser!
Wie heilsam Dein Grund,
O Land in der glückhaften Helle!

Die alte Mühle

Ein stilles Fleckchen, verträumt im Tal,
Ist drunten die alte Mühle.
In jungen Jahren war sie einmal
Des Baches liebste Gespiele.

Ihr Plappermäulchen stand niemals still,
Es wußte die schönsten Lieder.
Am liebsten lauschten Försters Sibyll
Und des Lehrers Sohn, der Frieder.

Dann versank um sie das Tal, die Welt,
Ein Zauber hielt sie gefangen.
Die Mühle schweigt - doch der Zauber hält
Noch heute die Menschen umfangen.

Nur schwerer rauscht's im Gedankenspiel,
Nur tiefer ergreift uns die Stille.
Ein Menschenwerk vor der Zeit zerfiel -
Gebrochen war Wehr - und Wille.

Erinnerung

Wie war's doch schön zur Winterzeit,
Wenn Flur und Feld so tief verschneit
Und wir hindurchgegangen!
Rings stand der Tann so still und weiß,
Sein Bächlein strahlt' im Silbereis,
Und tausend Glöcklein klangen.

Mir wird das Herz so froh und weit,
Denk' ich an diese sel'ge Zeit
Mit ihren Unschuldslenzen!
Mir ist - als trüge mich ein Traum
In einen lichten, güldnen Raum,
In dem nur Sonnen glänzen.

Und mittendrin im Strahlenschein,
Da läg' Dein Herz so fromm und rein,
Noch frei von Weh und Wunde.
Und Schnee schmückt wieder Wald und Feld.
Ertrunken ist das Leid der Welt
In dieser Zauberstunde.

Ein Gang durch solche Märchenpracht
Hat manchem schon das Heil gebracht,
Trug er danach Verlangen.
Ich weiß - und atme mit Bedacht
In dieser wundersamen Nacht
Und lächle schneebehangen.

Ein stilles Haus

Ein stilles Haus auf sonn'gem Hügel,
Weit geht der Blick in goldnen Grund.
Ach wär' ich jung! Ach hätt' ich Flügel!
Ich flög' da hin zur selben Stund.

Vielleicht brächt' mir ein Zauber wieder,
Was vor der Wirklichkeit zerann:
Das zarteste im Kranz der Lieder,
Das ich so lieb, so liebgewann.

Ach, einmal noch der Stimme lauschen,
Der sich mein junges Herz verschrieb!
Ein frohes Wörtchen mit ihr tauschen,
Das dann im Grund ein Leuchten blieb.

Nur einmal ruhn in diesen Augen -
Nicht länger als ein Herzschlag schlägt!
Zum Freuen wird das Herz noch taugen,
Auch wenn die Stirne Runen trägt.

Du stilles Haus auf jenem Hügel,
Du stilles Haus im goldnen Grund.
Was nützen Schwingen mir und Flügel,
Das Herz ist schwach und still der Mund.

Singt ja ein Herz noch nicht

Du lachst und schüttelst die Locken,
Du lieber, loser Wicht.
Hast recht! Vom Stubenhocken
Bräunt sich die Wange nicht.

Du weißt ein liebliches Rasten
Ganz nah beim Tannenschlag,
Weit weg von kreischenden Lasten,
Vom lauten und lügenden Tag?

Hab' dort in der Kinderzeit
Ja oft, wie oft schon gesessen!
Man sieht über Wald, über Wiesen weit -
Das kann man doch niemals vergessen!

So komm! Aus den liebalten Bäumen
Rauscht auch ein liebaltes Lied.
Dort laß uns den Sonntag verträumen,
Dort, wo uns der Alltag nicht sieht.

Du nickst - und lächelst nach innen,
Du lieber, guter Wicht.
Vom Grübeln und vom Sinnen
Singt ja ein Herz noch nicht.

Vor dem Zaun

In unserm Garten blüht der Flieder,
Schneeweißer Flieder, dicht am Zaun.
Vergißmeinnicht hebt scheu die Lider
Und bittet mich, nicht wegzuschaun.

Die roten Tulpen auf den Beeten,
Maiglöckchen und Narzissenpracht,
Sie alle haben so gebeten,
Und ich erlag der stummen Macht.

Darf ich auch ihrer nicht mehr warten,
Sie, die in Treue ich gepflegt,
Und nenn' ich nicht mehr mein den Garten,
So steh' vorm Zaune ich bewegt.

Den Anblick kann mir niemand wehren!
Herz fliegt zu Herz durch Draht und Tür,
Und mit dem Duft, dem süßen, schweren,
Fällt alle Traurigkeit von mir.

Glück und Liebe

Ich liebe den Sturm

Ich liebe den Sturm und die Ruhe an Dir,
Dein Blut und Seele gehören zu mir.
Nicht tauscht' ich mit Krone, mit Glanz und mit Ehr',
Und wenn es das Höchste auf Erden wär.
Wenn meine Seele Dich atmend schaut,
Dann ist mir mein Himmel hier aufgebaut -
Und wenn mich in Andacht berührt Dein Hauch,
Dann habe ich meinen Frieden auch.
Und Himmel - und Frieden - mehr will ich ja nicht,
Du! Meine Seele - mein Herzenslicht.

In einer stillen Stunde

In einer stillen Stunde
Schlich sich ein Traum zu mir
Und bot mit feinem Munde
Mir seines Gartens Zier.

Welch Leuchten, welche Fülle
Von Blüten, eine Pracht
In schleierzarter Hülle.
O welche Zaubernacht!

Ich ward emporgetragen
Vom Duft so süß und schwer,
Und goldne Worte lagen
Allüberall umher.

Ich trank den Strahl der Sonne...
Wie Kinder, voller Lust,
Warf eins in trunkner Wonne
Sich eng an meine Brust.

Und einige, sie sprangen
Im Reigen um mich her,
Als ich sie wollte fangen,
Da war der Garten leer.

Doch von der stillen Stunde
Blieb eines mir zurück,
Das wächst im Herzensgrunde
Und bringt mir heil'ges Glück.

Im Ring des Lebens

Im Ring des Lebens ein Glöcklein schwingt,
Gläubig im Lichte sein Liedlein klingt:
O liebe und lache,
Glück unterm Dache.

Hoch in den Lüften das Glöcklein spricht:
Sing und ringe und raste nicht,
O liebe und lache,
Glück unterm Dache.

Liebe und lebe und lache und mache
Anderer Last zu der eigenen Sache.
O liebe und lache,
Glück unterm Dache.

Schenke das Schönste, den Schatz Deiner Güte,
Sie hebt das Schaffen und treibt es zur Blüte.
O liebe und lache,
Glück unterm Dache.

Spruch

Mit Gold kann man sich viel erzwingen,
Wenn man Begabung hat und Schick.
Um Freundeslieb' zu erringen,
Bedarf es mehr denn Goldes Stück.

Der Freunde Schar um sich zu mehren,
Vermag man leicht mit voller Hand.
Doch ist sie leer - sieht man sie kehren,
Weil sich nicht Seel' zu Seele fand.

Spätes Glück

Des Lebens Gang
Hat neuen Klang,
Hat neue Höhn
Mit Liedern schön.

Weit über Land
Streck' ich die Hand -
In Deinem Du
Liegt meine Ruh'.

Oft in der Nacht
Das Auge wacht,
Es will Dich sehn,
Mit Dir vergehn.

Sehnt auch Dein Ich
Nach meinem sich
Mit gleicher Glut,
Dann ist es gut.

Spruch

Das alte Jahr ging still zu Ende,
Nie kehrt zurück, was einmal war...
Sprich ein Gebet und falt die Hände
Und rüste Dich fürs Neue Jahr.

Schau wach umher - und horch nach innen,
Was Dein Gewissen Dir gebeut.
Und lieb, o Mensch, mit allen Sinnen,
Denn Liebe hat die Welt erneut.

An Milly

Du bist der Lieder schönstes Lied,
Von Engeln erdenwärts getragen,
Das heilig in der Stille blüht -
In guten und in wehen Tagen.

Das Land der Liebe ist Dein Reich,
Wo tiefe Himmelsbronnen lachen,
Sonst könntest Du nicht sonnengleich
Aus Tränen goldne Perlen machen.

Du bist der Lieder treustes Lied,
Daß ich's nicht länger Dir verhehle,
Und auch das Ew'ge Auge sieht
Und segnet Deine schöne Seele.

Der Knabe und das Glück

Warum elegisch mein Gesicht?
Kam sie - um mich zu fragen.
Ich weiß es, Beste, selber nicht,
Mußt' ich als Antwort sagen.

Mußt' lügen gar - und hätt' so gern
Die Wahrheit ihr gestanden,
Daß sie mich festhielt wie ein Stern
Mit unsichtbaren Banden.

Gestanden hätt' ich jubelnd ihr,
Was ich für sie empfunden,
Daß sie die Ruh' genommen mir,
Die harmlos frohen Stunden.

Stumm blieb ich - und da kam das Glück!
Es kam mit Wundergaben,
Da fiel das Herz aus ihrem Blick
Und lag im Arm des Knaben.

Ihr Blümlein

Grüßt mir seine Augen braun,
Die so herzlich können schaun,
Die die Welt voll Lieb' umfassen,
So viel Wonne ahnen lassen!

Grüßt mir seine Hände schmal,
Grüßt sie tausend, tausendmal.
Sie, die frauenweich erscheinen,
Kraft und Zartheit doch vereinen.

Auch den Mund vergeßt mir nicht,
Der so liebe Worte spricht,
So viel Seligkeit kann geben
Einem kleinen Menschenleben.

Und das Herz in seiner Brust,
Das so reich an heil'ger Lust?
Eure tiefsten Düfte gebt ihm her,
Eure Seele - wenn Ihr habt - noch mehr.

Ich weiss von einem Glück

Ich weiß von einem Glück,
Das zart wie Seide ist!
Das sich in seltnem Glanz
Weich um die Glieder schließt.

Ich weiß von einem Glück,
Das sich wie Gold bewährt!
Das, immer hell und blank,
Das Tagewerk verklärt.

Ich weiß von einem Glück,
Das wie ein Anker hält,
Das nicht in Sturmesflut
und Wellenschlag zerschellt.

Wenn Lieb' und Treue wehn,
Wächst stolz der Mensch zur Tat.
Dann ist das Glück zu sehn
In seiner Hand als Saat.

Heimkehr

„Wir haben schulfrei", rief die Liese
Und stürzt' mit Jubelschrei ins Haus,
„Und Kinderfest ist auf der Wiese,
Im Schloß, da hängen Fahnen raus!

Im ganzen Ort riecht es nach Kuchen,
Und Kaffee gibt's - mit Zucker drein!
Verstecken spielen wir und Suchen,
Und ich, ich darf 's Dornröschen sein!

Darf schlafen in der Rosenhecken,
Ach, Mutter - wird das herrlich sein,
Der Peter drüben soll mich wecken,
Der Peter, Mutter - ganz allein!"

Das war just heut vor vielen Jahren.
Nun ist die Liese groß und fein,
Der Peter übers Meer gefahren -
Was mag aus ihm geworden sein?

So süß träumt sich's in Rosenlauben
Umringt von goldnem Sonnenschein,
Und unsere Liese, sollt man's glauben,
Die schläft sogar darüber ein...

Da tönen Schritte durch die Stille -
Ein Ruch kommt mit von Tang und Teer,
Und eines kleinen Gottes Wille
Hält schon bereit den güldnen Speer.

Nun steht der Peter vor der Laube,
Daraus ein holder Traum ihn grüßt.
Und Jugendlust - und Zukunftsglaube
Den Heimgekehrten stark umschließt.

Ein Jubel faßt ihn ohnegleichen,
Er stürzt auf Nachbars Liese zu
Und küßt den Mund, den rosenweichen...
Und weckt sie aus Dornröschens Ruh'.

Mutter und Kind

Mutter

Mutter! Deine Hände, selten sah ich sie ruh'n.
Immer, immer fanden etwas sie noch zu tun.
Liebe ohne Ende — alle seid Ihr Euch gleich!
Treue Mutterhände, segnen möchte ich euch!

Mutter! Deine Augen fragen und forschen viel...
Wenn sie Lichter tragen wandelt sich Last in Spiel
Einer Mutter Augen wachen in mancher Nacht,
Was sie leisten und sagen hat ein Gott erdacht.

Dieses Gedicht stammt von Frau Emilie Grützmacher. Sie ist unter dem Familiennamen Lindscheid im Jahre 1889 in Boppard geboren und hier auch Mitte der 70er Jahre begraben worden. Unter dem Pseudonym „Burga" hat sie zahlreiche Gedichte geschrieben. Ihr Vater war im Rathaus beschäftigt.

Rund um Boppard, 12. Mai 1984

Die junge Mutter

Herr, habe Dank für dieser Stunde Segen,
Daß ich ans Herz nun darf mein Kindlein legen.
Sein Atem hier in diesem Raum -
Noch fass' ich's kaum,
Doch hell und heller grüßt mich der Morgen.

Mir ist so eigenfroh und bang zugleich,
Küss' ich Dein Händchen, das so samt und weich.
Wenn Du ins Leben trittst hinein,
Wie wird es sein?
Noch ist's vor Deinem Blick verborgen.

Hinweg - ich hab', ich halte Dich, mein Kind,
Die Sorgen übergebe ich dem Wind.
Du bist erblüht!
Ja, wer Dein kleines Fäustchen sieht,
Dem ist zur Stund' das Glück begegnet.

Mutter

Mutter! Deine Hände, selten sah ich sie ruhn.
Immer, immer fanden etwas sie noch zu tun.
Liebe ohne Ende - alle seid Ihr Euch gleich!
Treue Mutterhände, segnen möchte ich Euch!

Mutter! Deine Augen fragen und forschen viel...
Wenn sie Lichter tragen, wandelt sich Last in Spiel.
Einer Mutter Augen wachen in mancher Nacht,
Was sie leisten und sagen, hat ein Gott erdacht.

Zur Konfirmation

Die Kindheit gibt Dir den Abschiedskuß
Und geht - ein Sternlein zu werden,
Das inwendig glüht - und strahlen muß,
Wenn einsam die Tage werden.

Noch reckst Du Dich ins blaue Hoffen,
Erwartungsvoll in heil'ger Lust.
Das Tor ins weite Land steht offen,
Und das schwellt jedes Knaben Brust.

Er möchte aufs Pferd mit dem frühen Wind,
Hinaus zu fröhlichem Jagen.
Dem ist die Welt, der den Preis gewinnt,
Den Ungeist gilt es zu schlagen.

Die Glocken heben zu singen an,
Die Kirche gibt Dir den Segen.
Nun reite - und werde ein ganzer Mann
Und stürme der Sonn' entgegen.

Kinderblick

O wieviel Sonnenschein und Glück
Liegt doch in einem Kinderblick,
Lebt doch in einem Kindersinn,
O welch Vertrauen liegt darin.

Das ist die rauhe Welt noch nicht,
Die aus den Kindern zu uns spricht.
Auf solchem Grunde ist gut baun,
Mit diesen Augen laßt uns schaun.

Einem kleinen Seelchen

Wie eine Blume
Bist Du erblüht, o Menschenkind.
Harte Gesellen sind Deine Begleiter,
Kälte und Frost - und der Winterwind
Wiegt Dich zum Lied unsrer stählernen Reiter.

Hell wie die Sonne
Ist dieses Lied, trotz Eis und Wind,
Trutzig, verwegen und stark wie die Treue.
Schlafe nur still und ruhig mein Kind.
Wenn Du erwachst, strahlt der Himmel in Bläue.

Dämmerstündchen

Jeden Abend wenn's dämmert
Schleicht sie herauf
Und schließt ganz heimlich
Ihr Kämmerlein auf.

Es glänzt ihr Gesichtlein,
Es lächelt ihr Blick
Wie eitel Wonne,
wie Mutterglück!

Aus der alten Truhe,
In Spitzen gehüllt,
Entnimmt sie zaghaft
Die kleine Mechthild.

Das ist ein Püppchen,
Gar lieblich und hold,
Mit rehbraunen Augen
Und Härchen von Gold.

Sie herzt es und küßt es,
Zieht es aus und an,
So wie sie als Kind
Es schon immer getan.

Singt Wiegenlieder
Und spricht wie im Traum,
Und glaubt an der Seite
Auch den Vater zu schaun.

Dann hüllt sie in Spitzen
Ihr Puppenkind
Und verschließt es wieder
In der Truhe geschwind.

Wiegenlied

Schlaf, mein Kindchen, schlaf ein,
Schlaf süß im Kämmerlein,
Niemand stört dort Deine Ruh',
Schlaf und mach die Äuglein zu.

Sonne schaut zu Dir herein,
Hüllt Dich in ihr Goldtuch ein.
Wolkenschäfchen, weiß wie Schnee,
Lagern schon in lichter Höh'.

Wollen schlafen gehn wie Du -
Sternenmutter deckt sie zu.
Und der gute Himmelswind
Singt ein Liedchen leis und lind.

Wiege - weia, lind und fein,
Stumm sind Mück' und Käferlein,
Und die buntgescheckte Kuh
Neigt sich ihrem Kälbchen zu.

Wiege - weia, sing, sing, sang,
Schlafe schön und sei nicht bang.
Treues Hündchen, das hält Wacht,
Wiege - weia, gute Nacht!

Wiege - weia, immerzu
Fand ein Kindchen so zur Ruh'.
Wiege - weia... leis und lind...
Gott behüte Dich, mein Kind.

Stummes Heldentum

M ü t t e r müssen manches tragen -
　　　Stummes Heldentum der Wiegen!
　　　Hebt uns auf den Flügelwagen
　　　Und bleibt selbst im Schatten liegen.

M ü t t e r müssen manchmal singen,
　　　Ist das Herz auch voll vom Weinen.
　　　Wenn die Frucht soll Süße bringen,
　　　Muß die Sonne drüber scheinen.

M ü t t e r, Euer Erdenwandern
　　　Ist ein einzig Mühn und Lieben,
　　　Ist ein Ausruhn für die andern...
　　　Euch zum Ruhm! Hier sei's geschrieben.

Lebenskampf und Entbehrung

Wechselvoll und wandelbar ist das Leben

Wechselvoll und wandelbar ist das Leben,
Ewig auf diesem Stern!
Wunderbar sind seine Höhen,
Und der Ausblick von wunderbarer Klarheit.
Rätselvoll die Tiefen,
Die unergründlich und schweigsam sind.
Eine Sonne ist darin,
Welche es wärmt und übergoldet.
Aber Nächte auch,
Die ein schwarzes und schmerzliches Frieren sind.
Kurz nur sind seine Tage,
Bald sind sie voll Lachen, bald Weinen -
Niemals ruhend.
Immer ist es voll Kampf und immer voll Sehnen.
Und dieses Sehnen ist das unruhvoll
herrschende Kind der Gedanken,
Das nicht schweigen kann und nicht schweigen mag.
Es bestimmt die Richtung,
Die zum Göttlichen führt - dornenvoll.
Und es ist bisweilen noch allein
Der Inhalt eines altmüden Lebens zu seiner Qual.

Hält Lachen und Weinen

Trägt jeder heute ein heiliges Schwert,
Eine wehrhafte Klinge - auch die Frau am Herd.
Nur wird sie nicht sichtbar am Gürtel getragen,
Und die Schlachten werden im stillen geschlagen.

Es darf nichts verderben, heißt Schwert und Gebot,
Sonst siegen die Feinde Hunger und Not!
Die Hausfrau, die sparsam in unserem Land,
Hält Lachen und Weinen - und Gold in der Hand.

Dann reift eine Saat

Kampf und Arbeit halten die Kräfte wach
Und sind dem Menschen das schützende Dach.
Darunter an klaren Fensterscheiben
Frostblumen ihr lustiges Wesen treiben.

Man meistert nur dann seinen Erdenflug,
Wenn man Freude hat und Sonne genug.
Dann reift unsre Saat im Acker der Zeit
Zur edlen Frucht für die Ewigkeit.

Warum?

Frag nicht, warum wir wandern müssen, lastbeschwert,
Ein jeder einzig seine vorgeschriebne Reise.
Warum uns heute viel und morgen nichts gehört
Auf diesem lichtbeschenkten Stern im Weltenkreise.

Frag nicht, warum wir lieben müssen, leiddurchwebt
Und ohne Ruh' - in Widersprüchen uns verwirrend,
Solang der Erde Dunst an unsern Flügeln klebt,
Sind wir als Staubgeborne schwach und arm und irrend.

Wir wissen nichts - begrenzt ist unser flüchtig Sein,
Und keiner löst es noch, das Rätsel dieser Reise.
Frag nicht! Doch dringe tiefer in Dein Selbst hinein -
Wenn wir nach innen wandern, macht der Geist uns weise.

Jahresanfang

Reich war das Jahr an Leid und Last -
Du weißt allein, was Du getragen hast.
Nun aber schüre frisch die Glut im Herd,
Und wolle Gott, daß sich Dein Herz bewährt.
Noch bleibt ein großes Tun für Dich im Leben,
Wenn ohne Licht ein Tag, kannst Du's ihm geben,
Und neigt er langsam flimmernd sich dem Ende,
Sind unentbehrlich Deine lieben Hände.
Reicht ihre Kraft nicht mehr, das Licht zu halten,
Kannst segnend Du sie noch um unsre Hände falten.

Erdennot

Wir tragen alle das gleiche Joch,
Haben Hunger und Kälte gemeinsam - und doch,
Was weiß denn in Wirklichkeit einer vom andern?
Was ist denn eigentlich unser Ziel?

Ein Kommen und Gehen im Wechselspiel,
Um flüchtig auf dieser Erde zu wandern?

Brüder sind wir - Du Herr und Du Knecht,
Brüder in Christo - ich hörte doch recht.
Und über uns allen der gleiche Gott -
Und vor uns allen der gleiche Tod -

Und... unter uns allen... wie war das doch?
Ist's nicht so, als fehlt da was noch?

Stehst Du gerade?

Eben noch beschwingt und froh -
Bläst ein schiefer Wind Dich ab vom Pfade,
So als seist Du loses Stroh.
Oder straffst Du Dich - und stehest gerade?

Erde hält Dich sicherlich,
Senkst die Wurzel tief Du voll Vertrauen.
Aber Werte ändern sich
Mit dem Wind - und der Art zu schauen.

Gewachsen in Sturm und Ringen

Menschen um Menschen sinken ins Grab -
Alles Leben, was Erdenschoß gab.
Nur die Seelen und großen Gedanken
Verbleiben dem Urstamm als sprechende Ranken.

In tiefen Stunden reden sie laut,
Reißen sich los, wenn Du falsch gebaut.
Höher strebe! Gewachsen in Sturm und Ringen,
So mußt Du Dein Menschsein dem Ewigen bringen.

Erfüllung

Vom Sturmwind geschüttelt
Biegt sich das Bäumchen,
Vor das unerbittliche Hilfdir gestellt.
So auch der Jungmensch -
Vom Rauhreif gerüttelt
Ringt er - und wächst durch die Wehen der Welt.

Schönes Schauen ist ihm beschieden!
Über den Gründen, im ewigen Frieden
Weidet sein Herz,
Während drunten im Tale hinwütet der Schmerz.
Doch: das Lied wird wieder das Leid übersingen!
Aber nie wird ein Wurm sich zur Höhe aufschwingen!

Schreite mutig - gläubig

Schreite mutig durch der Kindheit Bogen in die Welt
Und folge nicht dem Schelmenlied der Toren!
Der heil'gen Freude aber öffne Aug' und Ohren,
Sieh: Festgewänder tragen Baum und Berge, Wies' und Feld.

Scharfe Dornen lauern, und Frau Tücke ist bestellt.
Manche Tugend hat den schönen Glanz verloren.
Mancher fiel - und viele irren, kaum geboren -
Und brach die Flügel, ist im Grund zerschellt!

Schreite gläubig! Weltengüte wirkt und schläft noch nicht.
Schau hinauf, wo kühn die stolzen Adler bauen,
Wie sie schweben, wie sie ihrer Art vertrauen.
Von den Bergen, von den Höhen wird Dir Reinheit,
Kraft und Licht.

Sonnensehnsucht

So mancher sucht im Leben
Umsonst nach Sonnenschein.
Es ist ihm nicht gegeben,
Ein Sonnenkind zu sein.

Es streift kein warmes Glühen
Erbarmend sein Gesicht.
Lenzblümchen möchten blühen,
Doch ihnen fehlt das Licht!

Das große, starke Freuen,
Die rechte Meisterhand,
Die über ihr Gedeihen
Der Liebe Bogen spannt.

Irrwege und Aufbegehren

Wollen

Ach, wieviel ernstlich Wollen
Hast Du in diesen Tempel schon getragen.
Du wolltest lindern jede Not,
Und Deine Hände formten Brot.
Und Kindlein trugen Rosen... Rosen...
Ans Hungerherz der Heimatlosen.

Es blieb ein Traum - hart schlägt die Uhr -
Der Menschenleib ist voller Fehle,
Und Gutsein ist mein Wünschen nur,
Bleibt Sehnsucht Deiner Seele.

Blindekuh

Reiß doch die Binde von den Augen,
Im Dunkeln tasten währt so lang.
Und was Du greifst - wird es auch taugen?
Nur Sonne sichert rechten Fang.

Oft gleicht das Leben solch blindem Spiel,
Du suchst - und irrst - Dich narrt das Ziel.
Verlorene Stunde und kein Zurück -
Und im Sonnenbecher, da lacht das Glück.

Zerwürfnis

Es macht so starr, daß man kein Wort sagen kann,
Und wie es blickt, so blickt nicht Liebe, nein.
Drum rat' ich Dir, die Seele fortzutragen,
In ihre Halle fällt der erste Stein.

Dann herrscht die Kälte in den wunden Wänden,
Und ohne Wärme kann kein Glück bestehn -
Der Friede gleitet langsam aus den Händen,
Und alles muß den Weg des Schmerzes gehn.

Und plötzlich kam's. Die Worte sind erfroren,
Und keine Sonne taut sie wieder auf.
Zwei Menschen haben blutend sich verloren,
Und nichts hemmt des Geschickes dunklen Lauf.

Der Sturm zerbrach die letzten scheuen Lieder,
Vom Glück blieb nichts, nicht mal ein blasser Schein.
Ein undurchdringlich Schweigen ließ sich nieder,
Und alles, was da blühte, ward zu Stein.

Warnung

Es ist nicht immer gut zu schweigen,
Wenn ernst das Herz sein Recht begehrt.
Gar bald - am Abend - wird sich zeigen,
Daß solches Tun sich schlecht bewährt.

Warum die Fensterläden schließen?
Laß nur das Sonnenlicht herein,
Am Abend wirst Du es begrüßen
Und für die Wärme dankbar sein.

Es ist nicht immer gut zu schweigen,
Wenn laut die Seele sprechen will,
Warum sich so ummauert zeigen,
Wie bald wird alles Leben still.

Laßt uns den jungen Tag besingen,
Laßt steigen uns in sel'ge Höhn.
Wer so entfaltet seine Schwingen,
Wird Gottes Gnadenwunder sehn.

Drum ist's nicht immer gut zu schweigen,
Das Tageswandern wird zur Last,
Und einst - am Abend - wird sich zeigen,
Daß Du Dich selbst betrogen hast.

Bedrängnis

Hat Dich das Leben so getreten,
Daß Du im Tagvergehn
Nicht händefaltend mehr kannst beten
Und um den Segen flehn?
Woher die Not - und alle Wirren
Und alle Grübelei?
Kann denn ein Glaube wanken - irren?
Ich hasse Heuchelei!
Die Predigt kann Dir nichts mehr geben,
Weil sie Dir haltlos scheint?
Du suchst und suchst - und irrst am Leben -
Und Deine Seele weint.
Du spürst die spitzen, scharfen Krallen
Und wendest Dich in Pein
von jener Stätte, die von allen
Die friedlichste sollt' sein.
Versuchst Du dann den Blick zu heben,
Lauschst Du in Dich hinein,
So spürst Du Kraft und Vorwärtsstreben -
Das kann nicht Unrecht sein!

Du Tor!

Machst Tag zur Nacht und Nacht zum Tag
Und übergehst den Stundenschlag.
Mit Ungemach schleichst Du durchs Haus
Und schaust wie graues Leintuch aus.

Denn ach, die nächt'ge Geisterwelt
Hat sich dem Tagwerk beigesellt.
Als Plage zwickt sie Dir das Hirn,
Als Falten ziert sie Aug' und Stirn.

Die frischen Lebensgeister fliehn,
Im Schattenreich welkst Du dahin -
Die Einsicht hat sich abgekehrt,
Der ist ein Narr, der Dich belehrt.

Und das hier ist das Sonderbare,
Du suchst und willst das einzig Wahre,
Das, was den Erdenleib vollendet -
Welch Irrlicht hat Dich so geblendet?

Und können Wunder tun

Es tut nicht gut, die Tage auszufüllen
Mit Blumen, deren Duft die Zeit verschlang,
Und sich in nutzlos Träumen einzuhüllen.
Das macht nicht froh - das ist wie Trauersang,
Das läßt die Hände kraftlos ruhn!

Nur dann erlebt der Tag ein großes Singen,
Wenn sich ein Wille kämpfend vorwärts bricht,
Dann ist die Luft erfüllt von Glockenklingen,
Und Tag und Menschen sind getaucht in Licht
Und können Wunder tun!

Sag, Rose, sag

Sag, Rose, sag:
Was hab' ich denn verbrochen
So früh am Tag,
Daß mich der Dorn gestochen?
Sag, Rose, sag.

Wo find ich Ruh'
Wenn ich die schweren Fragen
Des Ich und Du
Muß immer vor mir tragen,
Wo find ich Ruh'?

Man sieht es nicht,
Das namenlose Sehnen,
Das man nicht spricht.
Die ungeweinten Tränen -
Man sieht sie nicht!

O Schwester, sprich,
Die Du im Ichverstecken
So königlich!
Gib mir ein Seelenlenken,
O Schwester, sprich!

Schatten

Wird der Schatten niemals weichen,
Der sich aus der Tiefe hebt?
Wird er unsern Flug erreichen,
Der sich jung zur Höhe hebt?
Will sich denn kein Lichtchen zeigen,
Das die Nacht erhellen kann?
Wird Dein Mund zu allem schweigen?...
Dann sind wir verloren, Mann!

Jeder muß sich frei entfalten,
Will er nicht ein Krüppel sein!
Sehen denn die lieben Alten
Nur in Selbstsucht sich allein?
Nimmt man einem jungen Triebe
Zur Entfaltung denn das Licht?
Nennst Du dies Gebaren Liebe,
Dann verzeih - ich kann es nicht!

Wie arm ist Deine Seele

Wie arm ist Deine Seele doch,
Wenngleich Du lächelnd führest aus,
Wie weise Du bestellt Dein Haus.
Nicht bist Du das, als was Du scheinst,
Wenn Du's auch zu umhüllen meinst.
In Deinem Mantel - ist ein Loch!
Ich sah es im Vorübergehn,
Sah Deine Seele zitternd stehn -
Sie, die das Erst' und Best' sollt' sein,
Sah ich in Dunkelheit, allein.
Wie arm ist Deine Seele doch!

Duldsamkeit und Selbstdisziplin

Spruchblatt

Laß sausen und brausen,
Laß wettern und toben.
Am Ende wird still
Auch der wildeste Sang.
Das Schwere geht unter,
Das Gute bleibt oben -
Und Freiheit winkt dem,
Der sich selber bezwang.

Der Weg zum Licht

So geht es nicht,
Willst Du zum Licht,
Mußt Du Dein Wünschen ganz begraben
Und nur den einen Willen haben,
Den Willen, ganz allein
Ein Dienender zu sein.

Erst fällt es schwer,
Doch mehr und mehr
Wird Dein Verzicht zu lauter Segen,
Und lichterfüllt ist's allerwegen.
Was immer Du beginnst,
Trägt ewigen Gewinnst.

Lob der Arbeit

Ich hab' es selbst erlebt
Wie sie beglücken kann.
Ja, wer sich ihr verschreibt,
Der bleibt ein freier Mann.

Vergebens naht der Feind,
Der uns den Sinn verhärmt.
Die Arbeit, das ist Stoff,
Der unsre Seele wärmt.

Da ist kein trübes Muß,
Das den Geschmack vergällt,
Die Arbeit ist ein Licht,
Das unsern Geist erhellt.

Der Tag, mit ihr begonnen,
Führt uns zum Quell der Lust,
Zum Heil- und Wunderbronnen
In unsrer eignen Brust.

Singen! - Statt klagen

Kommen und scheiden,
Lieben und leiden,
Fallen und stehn
Oder vorwärtsgehn...
Laut und bald leise
Schwingt diese Weise
Im ewigen Rund.

Singen! - Statt klagen,
Viel Gutes sagen,
Groß im Verzeihn,
Und alles ist Dein!
Wirke so weise
Wachsam im Kreise,
Mit lächelndem Mund.

Der Tag mit seinem Glück

Der Tag mit seinem Glück vergeht!
Und seine Stunden, voll von reifer Süße,
Sie fallen lichtdurchglüht vor Deine Füße
Wie Rosenblätter, so von Duft umweht.

Und um die Nächte allerwärts
Legt sich ein singend-wunderzart Gebilde,
Da werden Wünsche still und Schmerzen milde,
So ausgefüllt mit Frieden ist das Herz.

Der Tag hat Dich so reich gemacht,
Vergiß das nie! Und durch die schwersten Stunden
Klingt seine Melodie - und kühlt die Wunden,
Die sich das Schicksal noch hat ausgedacht.

Denn Stürme brausen dann und wann,
Um dieses Leben tiefer zu gestalten -
Was ohne Fehl, wird hohen Wuchs entfalten.
Sie formen hart und läutern Weib und Mann.

Entblättert sinkt der Tag ins Nicht...
Aus seinen Stunden doch steigt edle Süße,
Und eine stolz Kraft beschwingt die Füße
Und hebt Dich über Dich hinaus ins Licht.

Spruch

Es geht nicht, wenn wir die Hände ringen
Und jammern und klagen
In Schicksalstagen.
Nur, wenn wir täglich uns selbst bezwingen
Und kämpfen - und wagen,
Lächeln zu tragen!
Darüber stehn - nur nach der Sonne sehn,
Erst dann wird es gehn!

So mach's

Wirf alles über Bord -
Und das, was andre Dir getan,
Jedwedes bittre Wort
Vergiß! Und denk nicht mehr daran.

Ist also klar Dein Boot,
Steh hellen Blicks am Steuer,
Und trotze Sturm- und Wetternot,
Im Aug' ein heilig Feuer!

So mach's! Und anders nicht -
Und mitten in dem Zanken
Bleibt's hell und froh in Dir und licht,
Kraft Deiner Sonngedanken.

Aufhebe die Stirn

Noch einmal
vor Abend, eh' der Schatten fällt,
Durchschreite ich prüfend mein Ackerfeld.
Noch zittert die Erde vom Hagelschlag
Und leiht ihre Wange dem streichelnden Tag.

Wer weiß
um die Tiefen und Rätsel der Nacht,
Die meinem Blühen dies Ende gebracht?
Dort liegt nun erschlagen der feurige Mohn -
Und das Amsellied schweigt, es starb sein Ton.

Aufhebe die Stirn
Trotz Furchen und Falten,
Denn Neues wird kommen in neuen Gestalten!
Das Leben und Sterben ist irdisch ja bloß -
Und groß ist die Liebe! Die Liebe ist groß!

Einfache Wünsche

Einfache Wünsche unter mancherlei Gaben,
Die nur den Reichtum der Liebe haben
Und die Kraft einer Treue, die nicht verwelkt und verweht,
Weil die Wurzel auf heiliger Weihwiese steht.
Doch die Wünsche - sie leben...
Sie tragen... und heben...
Sind eine wunderwirkende Wehr...
Einfache Wünsche - sonst hab' ich nichts mehr.

Es gibt kein Müdesein

Es gibt kein Müdesein im Glückbereiten,
So hat die Mutter einst gesagt,
Kein Müdesein im Glückbereiten,
Es wird nach jedem Korn gefragt.

Nicht sparsam sein im Freudeschenken,
Weil es das Wandern leichter macht.
Nicht lang besinnen, lang bedenken,
Kurz ist der Tag - bald kommt die Nacht.

Nicht jedes Leid hat laut Worte,
Bisweilen bleibe horchend stehn.
Dann weist ein Engel Dich zur Pforte,
Doch ganz behutsam mußt Du gehn.

Und kannst Du gar ein Liedlein singen,
So wie im Busch die Nachtigall,
Wird es auch Dir den Frieden bringen,
Denn mit Dir geht sein Widerhall.

Nur vor der Zeit nicht müde werden
Sei Deines Lebens größte Not!
Willst Du, daß sich erfüllt auf Erden
Das Vornehmste, das Höchstgebot,

Dann sieh Dich fleißig um nach allen Seiten.
Am Wege sitzt die Tat - und hofft.
Nicht müßig sein im Glückbereiten,
So sag' auch ich - und sag' es oft.

Um der Liebe willen

Wenn Du ein Wesen weißt auf dieser Welt,
Das lächelnd seinen Dornkrug hält,
Dann wird sich dieses Lächelns wegen
In Dir ein seltsam Blühen regen.

Und wenn Dir eines mal, nur eins am Weg begegnet,
Das in der wunden Welt auch noch die Dornen segnet,
Dann wird sich, um der Liebe willen,
Der schwarze Dorn in Blüten hüllen.

Vergänglichkeit und Abschied

Lass mich kein welkes Blatt

Wir sind ein Blatt, ein winzig Blättchen nur
Am ew'gen Baum,
Ein Hauch im Raum,
Oft voll Erbärmlichkeiten.
Und fällt es ab, verweht der Wind die Spur -
Wir sind Vergänglichkeiten.

Und ist ein Sehnen doch in unsrer Brust
Von Ewigkeit zu Ewigkeit,
Vollendung zu erstreben.
Wir baun am Weiterleben unbewußt,
Wenn wir der Liebe leben.

Laß mich kein welkes Blatt am Baume sein
Im Weltenraum!
Schenk mir den Traum
Von einem feinen Läuten.
Gieß alle Sonnen mir ins Herze ein,
Um liebend mich zu breiten.

Im Herbst-Gold

Halt es fest - nein fang es ein,
Dieses Leuchten - dieses Glühen,
Denn es kann das letzte sein
Vor dem Welken und Verblühen.

Horch, wie Wald und Wiese singt...
Einmal noch von Lust geleitet,
Und auch meine Seele singt,
Sonnenselig hingebreitet.

Öffnet ihre Tore weit -
Jeder Winkel soll sich füllen
Mit dem Lied der Helligkeit,
Eh' die Nebel es verhüllen.

Winterwelt ist rauh und roh -
Laß noch einmal Dich umtönen,
Sei noch einmal sonnenfroh,
Huldige dem liedhaft Schönen.

November

November - das ist Leid und Totenklage,
Scheu und verhüllt im Nebelgrau der Tage,
Auflehnend - wild in sturmgepeitschten Nächten,
Dem Licht entrückt - bedroht von dunklen Mächten.

Mit starren Augen steht der Dorn am Hange,
Die Wiese tröstet ihn mit blasser Wange.
Fern im Gehölz fällt Stamm um Stamm vom Schlage -
Weitab ein Schuß! November - Totenklage.

Über Dir

Über Dir in einer dunklen Nacht -
Auch wenn Du sie nicht siehst, sind Sterne.
Und steht die Sonn' in ihrer höchsten Pracht,
Sind Wolken da - wenn auch noch ferne.
Hast Du schon mal darüber nachgedacht?

Hast Du schon mal darüber nachgedacht,
Daß alles hier auf Erden wird vergehn
Und daß auch wir versinken einst in Nacht?
Wie ist's dann gut, daß jene Sterne stehn,
Hoch über uns - auch wenn wir sie nicht sehn.

Spätsommer

Die Wolken rüsten schon zur Reise -
Nun kommt der Herbst! Die Zeit ist da.
Der Regen rauscht die Abschiedsweise,
Schwer sind die Wolken - tief und nah.

Noch steht der Wald im schmucken Kleide,
Noch lacht das Gold vom Apfelbaum!
Sie sind so friedlich alle beide,
Die Schwermut rings bedrückt sie kaum.

Sie rechnen mit des Herbstes Güte,
Der noch manch Streicheln hat bereit
Für spätes Glück, für späte Blüte
kurz vor dem Tor der Ewigkeit.

Herbststimmung

Ich liege und lausche dem Stundenschlag,
Weitab die Gedanken treiben...
So nebelvergangen dunstet der Tag,
Kein Lachen spielt vor den Scheiben.
Das ist der Herbst, der so eindeutig spricht
Vom Lichtvergehen - vom Sterben.
Wer ist es wohl heut, dem die Kränze man flicht,
Wo ging ein Hoffen in Scherben?
Es flüstern und raunen die Zweige still
Und sie neigen sich ergeben.
Wer zur höchsten Höhe, zum Ziele will,
Sieht im Tod erst das Leben.
So liege ich - und draußen vertropft der Tag...
Und Dunkelheit schwingt hinter Scheiben.
Doch als ich am Morgen erwachte - da lag
Ein Hauch von Gold vor den Scheiben.

Ausklang

Mein Lied ist gesprochen,
Mein Märchen ist aus,
Ich hab' es mit Liebe gesungen,
Und es rauscht in der Linde...
Und es geistert ums Haus...
Bis zur Turmspitze ist es gedrungen.

Mein Lied ist verklungen,
Der Wind hat's erfaßt
Und hat es zum Friedhof getragen.
Und die Blümlein, die blauen,
Und die Träne verblaßt...
Und die Seligen segnen mein Sagen.

Noch einmal musst' ich durch die Sonne gehn

Noch einmal mußt' ich durch die Sonne gehn,
Noch einmal ihre Strahlen trinken,
Eh' denn der Winter kam,
Der alles nahm.

Was uns der Sommer gab, das reiche Blühn,
Das Duften und das frische Grün
Und all der Liebe Leuchten.
Schon ist's verblaßt, schon am Verwehn,
Am Sterben, am Versinken.

Was sagt es Dir?
Was sagt es mir?
Siehst Du das Sternlein droben blinken,
Den Frühling nicht dort in der Ferne winken?

Wie Blatt um Blatt auch sterbend fiel,
Der Baum trägt neues Leben!
So ist auch unserm Tag ein Ziel,
Ein ewiges, gegeben.

Rosenstrauch und Gartentür

Liebend

Hat der Rosenstrauch, der wilde,
Unsre schüttre Gartentüre stets umhegt.
Und sie dankt es ihm und lächelt milde,
Wenn der böse Wind zu Streichen aufgelegt.

Niemals

konnt' er beide je betrüben.
Einer ward dem andern immer Schutz und Schild,
Standhaft sind sie jahrelang geblieben,
Und in Stürmen waren sie der Treue Bild.

Menschenhände

wollten Schönes schaffen.
Sie entfernten grausam von dem Strauch die Tür.
Keiner sah die stillen Wunden klaffen,
Denn der Stauch trug einsam seiner Rosen Zier.

Aber

als die Winterstürme kamen,
Fand man eines Morgens ihn gebeugt, geknickt -
War im Traum, in einem wundersamen,
Lächelnd allem Leid der Welt entrückt.

Trauer und Wehmut

Segen der Nacht

Der Tag hat mir ein schönes Lied versprochen,
Da hab' ich weit die Fenster aufgemacht...
Indessen hat die Sonne sich verkrochen,
Und Regen hat der Himmel mir gebracht.

So ist's im Leben oftmals mir ergangen,
Wenn ich ein Lied erwartet, kam das Leid.
Ich hab' den Rucksack sinnend umgehangen
Und nahm es mit - und hab' es nicht bereut.

Hab' manchen Edelstein am Weg erstanden,
Und Blumen trug ich andachtsvoll ins Haus.
Sie haben meines Herzens Schlag verstanden
Und gaben alles - nur das Lied blieb aus.

Das schöne Lied, das mir der Tag versprochen?
Ein Lied macht still und legt die Stirn in Ruh'...
Nun ist die Dämmerung hereingebrochen,
Und eine gute Nacht deckt alles zu.

Und doch vergeht die Nacht

Du blickst so ernst und tief
In dieser Nacht.
Die blassen Stunden schleichen,
Und keine Stimme rief.
Dein Hoffen aber wacht,
Bis alle Sterne bleichen.

Vermißt - es fuhr ins Haus.
O schließt das Tor, das Glück weicht aus.
Im jungen Morgenblau
Ist's gläubig erst gegangen.
Nun hat die fahle Nebelfrau
Ihr Grinsen vorgehangen.

Der Ungewißheit Macht
Steht tief im Tag,
Kein Strahl kann sie durchdringen.
Und doch vergeht die Nacht.
Und wenn der Ew'ge mag,
Läßt er die Sonne singen.

Heldentod

Manche Mutter mag wohl oft
Nach den guten Sternen blicken,
Während sie auf Nachricht hofft,
Möcht' die Ferne überblicken.

Doch die Nacht ist still und tief
Wie verschwiegnes Brunnenrauschen.
Oft der Knabe „Mutter" rief -
Rückwärts eilt ihr Geist zu lauschen.

Mannesmut und Mannestat
Hat in Stahl dies Wort gegossen,
Und mit diesem Wörtchen hat
Sterbend er den Mund geschlossen.

Ich bin kein Held

Ich bin kein Held,
Und nimmer mich Heldenruhm zieret,
Steht nirgends ein Wort,
Daß rühmlich ich Waffe geführet.

Ich bin kein Held,
Und niemals mich Minne erküret.
Schweig still, mein Herz,
Das grausam der Rauhwind berühret.

Was liegt an mir,
Ein Andrer wird ernten und kosen.
Es wallt mein Blut -
Doch nimmer begehr' ich der Rosen.

Mein Lied ist aus,
Und nimmermehr kann ich es singen,
Doch in mir ruht
Es noch zitternd; ein trauriges Klingen.

Ich bin kein Held,
Und nimmer mich Heldentum zieret,
Bin nur ein Mensch,
Der den Traum seines Lebens verlieret.

Unfriede kam

Einst waren sie ein strahlend Paar,
Sie reichten sich die Hände,
Und jedem war es ernst und klar,
Daß er das Glück auch fände.

Sie sind durch wogendes Korn und durch Klee
Wie nie zuvor gegangen
Und kamen im Winter heim aus dem Schnee
Mit Rosen auf den Wangen.

Und Freude war drinnen und draußen im Land -
Und dennoch lag das Lieben
Vergessen einst am Weg im Sand
Und ist zurückgeblieben.

Stumm schlich der Tag mit einem Mal,
Er war so hart, so rauh!
O singe, sing doch, Nachtigall! -
Vergebens fleht die Frau.

Es grünten giftige Gräser bald,
Unfriede kam gegangen...
Da stöhnten die Tiere, die Bäume im Wald,
Und alle Sterne zersprangen.

Ich habe Heimweh

Ich habe Heimweh nach dem Ruch der Linde,
Der über meiner Jugend hing,
Und meine Sehnsucht gilt dem Kinde,
Das mit mir durch das Blühen ging.

Ich habe Heimweh nach den heil'gen Dingen,
Die ich in seinen Augen las,
Und nach dem großen Schweigesingen
Im heimatlichen Wiesengras.

Hab' Heimweh - ja - nach all den lieben Gassen -
Auch nach dem Tropfen, der dort winkt.
Ach einmal noch im Kahn sich treiben lassen,
Wenn purpurrot die Sonne sinkt.

Ich habe Heimweh - denn es blüht die Linde,
Und alte Träume flattern jung
Im sommerlichen Abendwinde
Am Maste der Erinnerung.

Fliegen zu können!

Ach, muß das schön sein!

An verhangenen Tagen
Dem Nebelgrinsen ein Schnippchen zu schlagen!
Sich langsam zu heben
Und über die Gassen des Alltags zu schweben.
Ach, muß das schön sein,
Die Flügel zu breiten
Und all sein Sehnen
In heilige Weihen
Hineinzudehnen.

Ach, muß das schön sein,
Muß das schön sein!

Ein dunkler Tag

Ich berge mein Haupt in den Kissen,
Ich will vom Tag nichts wissen.
Verletzt hat mich sein Dorn,
Wild blies er in sein Horn.

Es hatte die Nacht ein Erbarmen,
Auf ihren guten Armen
Trug sie mich heimwärts
An meiner Mutter Herz.

Die hat mir ein Tränklein gegeben,
Das ordnete mein Leben.
Nun komme, was da will,
Ich halte tapfer still.

Hab' so nicht mehr viel zu erwarten.
In meinem Blumengarten,
Da weht ein scharfer Sinn,
Die Rose welkt dahin.

Drum berg' ich mein Haupt in den Kissen,
Und nur die Götter wissen
Von diesem dunklen Tag,
Der fast mein Herz zerbrach.

Nachtlied

Mit allen Sinnen such' ich Dich,
Ich strecke tastend meine Hände -
Kein Hauch, kein Atem regt sich,
Erschreckend stumm sind rings die Wände.

Mein Ruf wird unerlöst zerrinnen,
Dein fernes Herz vernimmt ihn nie.
Die Nacht trägt zitternd ihn von hinnen
Und wandelt ihn in Melodie...

Nun geht ein rätselwehes Klagen
In manchen Nächten übers Land.
Und niemand kann die Deutung sagen -
Und keiner weiß, wie es entstand.

Zum Gedächtnis

Mit welcher Inbrunst zogst Du aus,
Fürs Vaterland zu siegen!
Doch der Mann mit der Sense schlich sich ins Haus...
Und kauerte auf den Stiegen.

„Rothosen laufen um ihr Sein",
So wußtest Du zu schreiben.
„Und wir im Eilmarsch hinterdrein"...
Dann kam es doch - das Bleiben.

Mit Dir erlosch ein frühes Licht.
Wer stimmt nun Deine Leier...
Du trugst in manch zerquält Gesicht
Dein Lachen und Dein Feuer.

Still ist es jetzt an Vaters Herd,
Man friert im Haus der Linden,
Die Freude ward vom Schmerz verzehrt -
Und verblasen das Lied von den Winden.

Winkt schon mein Fährmann

Sind wir nicht irrende Menschen beide,
Suchend Du und auch ich?
Kalt ist's im Wald - und hier und da blüht schon die Heide.
Wind faßt mein Kleid... und irgendwie fröstelt es mich.

War's denn mal so, daß wir Pirschpfade gingen,
Mal zu drein - zu zwein?
Daß wir uns lachend und liebend umfingen,
Heckenrosen pflückten am Rain?

Leer sind die Augen und leer sind die Hände,
Sehnsucht steht - sternenallein.
Dort, wo die steinige Straße zu Ende,
Winkt schon mein Fährmann „Steig ein."

Luginsland

Singstimme oder Violine

Worte und Weise: Emilie Grützmacher

1. Ich steh' auf ho-her Fe - ste, das Auge schirmt die Hand, mein Blick umfaßt die Kindheit, das
2. Es ist das schönste Schreiten stets, wo man lie - bend geht, ein Wie-gen und ein Gleiten von

Rhein=und Mo=sel - land. Aus Höhen und aus Fer - nen, wo auch das Glück uns band, kehrt un-ser Seh-nen
Hei-mat-wind umweht. Es ist das hellste La - chen doch wohl am Hei-mat=strand, und al-ler Glanz des

im-mer zu dir ge-lieb-tes Land, kehrt un-ser Seh-nen im - mer zu dir ge-lieb-tes Land.—
Himmels da— wo die Wie-ge stand, und al-ler Glanz des Himmels da— wo die Wie-ge stand.—

Wo ist der Klang geblieben?

Wenn ich mich so in meine weichen Kissen wohlig wühle,
Dann merk' ich nicht des frühen Abends Frost und rauhe Kühle.
Liebe Kinder bringen mir die Speisen,
Also bin ich glücklich doch zu preisen.

Aller Firlefanz ist von mir abgeglitten,
Weg damit – und auch die Liebe ward beschnitten.
Wenn Ihr mich liegen sähet so mit diesen armen Stoppeln,
So Ihr eins hättet noch – ein Herz – es müßte sich verdoppeln.

Altmodisch Ding! Bei Narren noch und Kindern ja zu finden.
Kennt Ihr des Lebens Zweck – könnt Ihr den Grund ergründen?
Ich mühe mich umsonst! Einst sah ich ihn im Lieben
Von Mensch zu Mensch! – Wo ist der Klang geblieben?

Trost und Zuversicht

Trost und Zuversicht

Trag hinein in Deine Tage

Trag hinein in Deine Tage
Eine Flamme, die Du zündest.
Märchenglanz und Heldensage,
Alles, was an Licht Du findest.

Leg ein Lied auf Deine Lippen!
Aber Lachen muß es malen,
Sommerwind und Vogelwippen,
Himmelsbläue muß es strahlen.

Dann mag's schnein ins blinde Warten...
Mag der Wind sich wild gebärden,
Hell erleuchtet ist Dein Garten,
Und Dein Haus kann nichts gefährden.

Spruchblatt

So soll es nicht sein vor jedem Tag,
Daß man zittern muß, was er bringen mag.
So soll es sein, daß man froh ihn begrüßt
Und sorgt, daß er kein verlorener ist.

Sonnenaufgang

Sei wieder froh! Und lächle zu dem Morgen!
Sei wieder froh, ein neuer Tag bricht an.
Was gestern noch Dein Sein erfüllt mit Sorgen,
In dieser Stunde sei es abgetan.

Der Himmel steht in Licht- und Farbengluten,
Und eine große Gnade lehnt am Tor,
O laß doch Deine Seele nicht verbluten
Und leih dem Leben, leih der Liebe neu Dein Ohr!

Erster Schnee

Liegt erster Schnee auf Busch und Baum,
Auf herbem Grund - wie Zuckerschaum.
Wie ein Verband aus kühlem Leinen,
Ein Himmelskuß dem Erdenweinen.

Zur Wurzel zog der Saft zurück
Und komponiert ein neues Glück.
Wenn einst die Knospen dies verkünden,
Wird auch Dein Herz zum Blühen finden.

So schenken die Nächte

Ich hatte den Weg verloren
Und wußte die Richtung nicht mehr.
Mein Lied lag vor tauben Ohren,
Und die Stille lastete schwer.

Und so sah ich manch blasse Blüte
In lichtarmen Räumen stehn...
Und ihr stummes Flehen um Güte
Sah ich schwesterlich neben mir gehn.

Da schoß aus Sternengefunkel
Ein glitzerndes Grüßen daher.
Blitzschnell durchbrach es das Dunkel,
Und leuchtend versank es im Meer.

So schenken die Nächte Sterne,
Wirft Liebe Blumen ins Grab...
Und beides ist Licht aus der Ferne
Und spricht zu der Tiefe hinab.

Befreiung

Sonne, liebe Sonne,
Was hast Du gemacht?
Tränendunkle Augen
Leuchten über Nacht.

Alles Kranke, Müde,
Was das Herz beschwert,
Ist mit einem Schlage
Von uns abgekehrt.

Sonne, liebe Sonne,
Glanzdurchwirkter Tag,
Du befreist die Seele,
Die am Boden lag.

Wandre zur Höhe

Wandre zur Höhe, o wandre mein Kind,
Wandre, ich rate zu eilen.
Häng Deine Seele getrost in den Wind,
So werden die Wunden Dir heilen.

Tauch unter in herber, in reiner Luft
Hoch über dem Weltgetriebe,
Allein - umgeben von Ewigkeitsduft
Tauche unter im Meer der Liebe.

In dieser Pracht, diesem einzigen Blühn
Liegt das Wunder dieser Erde,
Das zum Beugen uns zwingt, zum Niederknien,
Dieses allumfassende Werde.

Drum wandre zur Höhe, frischauf mein Kind,
Wandre, ich rate zu eilen.
Häng Deine Seele getrost in den Wind,
So werden die Wunden Dir heilen.

Sternennacht

Wunderbare, klare, sternbeseelte Nacht!
Wer Dich atmet, dem wird Frieden.
Alle Seufzer werden stumm vor Deiner Macht,
Alle Not wird klein hienieden.

Ich bin ganz in Dein Geheimnis eingesponnen,
Geist des Lichts, der meine Sehnsucht ist.
Alle Erdenschwere tropft in Deinen Bronnen,
Und ich knie - weil Du göttlich bist.

Schneeglöckchen

Schneeglöckchen! Strahlende Lebensverkünder,
Trutzige, tapfere Feindüberwinder.
Läutet - und kündet Bewährung und Mut
Zu neuem Leben und neuer Glut.

Einsam steht Ihr - ein Tempel der Treue,
Daß sich der Wanderer labe und freue.
Jährlich berufen, die Bresche zu schlagen,
Herolden gleich vor dem Sonnenwagen.

Läutet die Glöckchen, Ihr Siegesverkünder,
Ja, läutet und muntert die Menschenkinder.
Vergessen sei Wintersnot, Kälte und Pein,
O läutet ein gnädiges Ostern ein.

Froher Sinn

Froher Sinn formt frohe Sachen!
Hängt die Harfe in den Wind,
Rückt den Tag ins helle Lachen,
Wo der Liebe Gärten sind.

Wildes Wort weckt wilde Triebe,
Freudetötend saust der Speer.
In den Abgrund stürzt die Liebe,
Wenn das Auge leuchteleer.

Wollest unsre Worte hüllen,
Sonnengott, in lichte Glut.
Wollst die leeren Schalen füllen,
Freude fördert Kraft und Mut.

Alles Niedre in den Schluchten
Fordere vor Deinen Schein,
Und es wird ein singend Fruchten
Hier auf dieser Erde sein.

Froher Sinn formt frohe Sachen!
Wildes Wort kommt nicht zur Macht,
Denn am Tage herrscht das Lachen,
Harfenlied umarmt die Nacht.

Das Glück wächst neu

Wie weise hat es Gott bedacht,
Als er es schneien ließ zur Nacht.
Nun lacht die Starre - und schläft das Leid,
Das Glück wächst neu im Schoß der Zeit.

Ob uns die Nacht auch fruchtlos dünkt,
Weil alle Welt in Schlaf versinkt,
Ganz im Geheimen, ohne Laut,
Wird neuer Lebenstrank gebraut.

Dies Wissen macht uns stark und still,
Wir schmieden uns ein Wort: Ich will.
Wohl dem, der in der Winterwelt
Sich kühn in dieses Wollen stellt.

Wolken am Himmel

Wolken am Himmel
So früh schon am Morgen -
Will's Dich bedrücken,
Fürchtest Du Leid?

Sonne ist weise,
Sie hält noch verborgen
Liebend Beglücken -
Sie kennt ihre Zeit.

Das Blümlein Lachgeschwind

Klopft wer an meine Kammertür -
Leise... ganz leise...
Und als ich öffne, steht dafür
Ein Männlein, grau und greise.

Es hält in seiner hohlen Hand -
Leise... ganz leise...
Das Schlüsselchen zum Wunderland.
Ich rüste mich zur Reise.

Auf hohem Berg, im Sommerwind -
Leise... ganz leise...
Erblüht das Blümlein Lachgeschwind,
Das lieblichste im Kreise.

Mit ihm zieh' ich von Ort zu Ort -
Leise... ganz leise...
Und aller Trübsinn weicht sofort
Vor unsrer Zauberreise.

Die Schönheit schmückt den Herzensraum -
Leise... ganz leise...
Und hängt in jeden wunden Traum
Ein Wunderblümlein weise...

Bald bin ich am Ziel

Arbeit und Sorge, Not, Kampf - und Siegen
Lagen als Teppich auf meinen Stiegen.
Seltsam verschlungenes Blättergerank,
In dem ich beim Schreiten lautlos versank.

Aufwärts führten die zahllosen Stufen -
Und immer, immer hört' ich ein Rufen.
Das gab mir die Richtung, gab mir den Drang
Auch im Dunkel, immer folgt' ich dem Sang.

Bald bin ich am Ziel, ich atme schon Duft,
Vom Staub befreite, erfrischende Luft!
Alle Fenster des Himmels sind offen!
Musik hat mein Ohr getroffen.

Hoffnung auf den Frühling

Ich hab' den Frühling gesehn!
Auf Gräbern - an mageren Hecken!
Ein Knospen und Grünen und Auferstehn,
Ein Lenzen in allen Ecken!
Die Vöglein im Walde sind nimmer müd,
Mich grüßte gestern ihr Frühlingslied!
Und Kinderjauchzen quoll reich herfür:
Der Frühling, der Frühling steht vor der Tür!
Ich hab' den Frühling gesehn,
In aller Augen sein Glänzen!
Er wird auch an uns nicht vorübergehn,
Laßt schnell uns die Pforte bekränzen!

Vergessen bist Du nicht

Vergessen bist Du nicht, mag's noch so scheinen.
Der Winter währt wohl etwas lang.
Mit Frost und Kälte, Sturm und Wolkenweinen
Macht er Dein Herz unnötig bang.

Sieh, wie vom Schnee gebeugt die Tannen stehn.
Sie tragen schweigend diese Last.
Sie träumen heldenhaft vom Frühlingswehn
Und drohen zu zerbrechen fast.

So gläubig harren sie dem Ruf der Stunde,
Der sie aus diesem Träumen weckt.
Die Sonne kommt! Sie heilet jede Wunde.
Mit ihr schmilzt alles, was Dich schreckt.

Vergessen bist Du nicht, zu keiner Stunde.
Es will nur alles seine Zeit.
Schau auf das Körnchen, tief im Ackergrunde,
Für alle steht das Licht bereit.

Frühlings Einzug

Heldenjüngling! Nun bist Du zurückgekehrt!
Die Lüfte lauschen - nun ruht Dein Schwert.
Sieggewohnt legst Du Dein Blühen nieder
Und küssest die Wasser. Sie rauschen wieder!

Wildschäumend stürzen sie sich ins Tal,
Ins heimliche Hoffen, überall
Die Freude zu künden im Überschwang.
Neu braust des Lebens unbändiger Sang!

Nun ist er da - ist endlich gekommen,
Beglückt hat alles die Botschaft vernommen.
Und siehe - die Kreuze im heiligen Hain
Erglühen und flammen: Der Frühling zieht ein.

Mittwinter

Erhebe von der Erde Dein Angesicht
Und grüße die Sonne, das junge Licht!
Befrei Dich vom Staube und grüße es nur,
Das Wiedergeborne! - Auch die Natur
Wird ihr keimendes Leben nun vorwärtsdrängen.
Das Werden und Wachsen wird nichts mehr beengen!
Wie ein Ring, so dreht sich das Erdengeschehn,
In dem wir voll Glauben und Andacht stehn.

Weggenossen

Wir gehen Hand in Hand und ohne Zagen
Ins unbekannte Land.
Die Scholle wird uns tragen,
Sie wird am Tag uns sagen,
Was uns mit ihr verband.

Wir werden Schritt für Schritt das Leben tragen
In unsren leeren Raum.
Die Sterne wolln wir fragen,
Wie wir den Tag aufschlagen,
Dann pflanzen wir den Baum.

Wir bleiben Herz an Herz in Dunkelheiten,
Wenn uns ein Schatten streift.
Wir wolln ein Brot bereiten
Für alle Einsamkeiten,
Denn nur ein Sommer reift.

Wir zwingen Hand in Hand im Lichtbegehren
Den höchsten Stein und Steg.
Wenn wir der Distel wehren,
Wird sich das Gute mehren
Und blühn als Glück am Weg.

Gottvertrauen und Dankbarkeit

Glockenlied der Liebe

Jungsein ist Feuerkraft der Liebe!
Jungsein ist Walzerschritt und Wein!
Es singt der Wald, beflaggt mit neuem Triebe,
Und junge Sonne gärtnert im Gestein.

Der Weidenbusch trägt seidne Strümpfe...
Die Hasel näht am Hochzeitskleid...
Mit Dottersternen sind bestickt die Sümpfe...
Es stirbt im Frühlingsarm das Winterleid.

Mein altes Herz ist jung geblieben,
Obgleich sein schönster Traum versank,
Kann es den Frühling noch und innig lieben
Und weiß dem Schöpfer aller Kräfte Dank!

Im Menschen lebt eine grosse Sehnsucht

Im Menschen lebt eine große Sehnsucht.
Ist es das Sehnen nach Vollendung?
Da ist ein Drang, die dunkle Hülle zu sprengen,
Die ihn umgibt in der Welt der Schöpfung.
Das arbeitet und schafft und läßt nicht locker in ihm,
Bis alles freiliegt am Grunde.

Und nun erkennt er vor sich einen Edelstein,
Glanzumwoben, funkelnd in Pracht und Kraft.
Diese Strahlkraft, das weiß er, wird alles durchdringen,
Dieses Strahlen, das fühlt er, wird alles durchleuchten.
Es wird ihn selbst übergießen mit neuen Erkenntnissen,
Die er vortragen und weitergeben muß,
Getrieben und vorwärtsgestoßen
Von einer nie schweigenden Sehnsucht.

Ist sie ein Hauch des Göttlichen in uns,
Eines großen, unbekannten,
Nie zu erfassenden Wunders in unserem Dasein?
Eine Sehnsucht, die getaucht ist in den Duft der Ewigkeit?
Die des Schöpfers Geist geatmet,
Eine Sehnsucht, die des Schöpfers Wille ist,
Des ewigen Formers aller Kreatur und aller Welten?
Ja, das ist sie gewiß!
Denn der ewige Former weckt - und treibt - und biegt -
Und formt auch Deine Seele.

Erkenntnis

Das Leid hat Deine Augen blind gemacht,
Daß sie das Leuchten rings nicht sehn,
Daß sie in dieser Frühlingssternennacht
So stumpf ins Leere gehn!

Du merkst in Deinem dumpfen Brüten nicht,
Wie draußen alles sproßt und sprießt,
Und wie ein neues, junges, starkes Licht
In Deine Kammer fließt.

Bis daß es blendend Deine Augen faßt,
Da wird es Dir auf einmal klar,
Warum das Wort vom Kreuz, so sehr gehaßt,
Die größte Liebe war.

Schau nach Golgatha

Wenn die Not am größten,
Ist Gottes Hilfe da.
Hebe Deine Augen,
Schau nach Golgatha.

Für uns arme Sünder
Floß ein teures Blut,
Drum laß das Zagen,
Fasse wieder Mut.

Schau, wie Gottes Liebe
Stieg ins dunkle Grab,
Alle unsre Sünde
Nahm er mit hinab.

Wenn die Not am größten,
Schau nach Golgatha,
Wo ein heil'ges Sterben
Auch für Dich geschah.

Lebt jeder, wie er muss

Die Sonne spendet Sonnenschein,
Der Vogel singt sein Lied,
Die Blume blüht ins Licht hinein,
Dies alles, es geschieht.

Auch wenn Du legst Dein Veto ein,
Lebt jeder, wie er muß.
Er, der uns blies den Odem ein,
Gibt uns auch den Entschluß.

Er öffnet - und er schließt das Tor,
Weiht uns durch seinen Kuß.
Schreibt jedem seine Straße vor,
Ist bei uns bis zum Schluß.

Das hat der Herbst

Das hat der Herbst uns noch gebracht:
Ein königliches Lied in Farben,
Ein letztes Lied noch vor der Nacht,
Eh' sturmverweht die Blätter starben.

Ergreifend diese Melodie!
Des Herzens Unrast ist vergessen,
Es ist, als hätt' die Liebe nie
Verlogenheit und Schmerz besessen.

Beseelt ist alles, Ton und Licht,
Und zarte Sonnengeister schweben,
Um später Blüten Blaßgesicht
Ins letzte warme Glück zu heben.

Der Sinn ist nicht mehr arm und leer,
Wenn's stumm und nackt ist in den Zweigen.
Wir wissen von der Liebe mehr,
Sie endet nicht im Todesschweigen.

Drei Worte nur: „Es ist vollbracht",
Verbinden Erd' und Himmel leise...
Das hat der Herbst uns noch gebracht
Im letzten Satz der Königsweise.

Stadt und Land

Kahler Felsen, nackt Gemäuer,
Liebeleere Ungeheuer.
Ach, Dein Atem macht erbeben,
Läßt nicht blühen, läßt nicht leben,
Nährt das Sehnen nur, das Große,
Furcht entspringt aus Deinem Schoße.

O wie lieb' ich da die Wälder,
Meine Wiesen, meine Felder
Auf des Hunsrücks herben Höhen,
Wo die Stürme Freiheit wehen.
Überall kann man Dir lauschen,
Tiefgeheimes Lebensrauschen.

Wenn die Seele einmal blutet,
Wenn Dein Herz vor Liebe glutet,
Oder gar in bangen Nöten
Kannst Du vor den Herrgott treten -
In die Sonne, in die Weiten,
Brauchst die Arme nur zu breiten.

Überall spürst Du sein Walten.
Ja, Du kannst die Hände falten -
Der in Freiheit Du geboren,
Ahnt Dir, was der Mensch verloren
Zwischen Mauern, zwischen Steinen,
Dann laß Menschenliebe scheinen.

Dieses wärmste aller Feuer
Lohe hell in das Gemäuer
Und erfülle es mit Leben.
Dann, in andachtsvollem Beben
Siehst Du, daß ein Ring sich rundet
Aus der Treu', durch Dich bekundet.

Auf ein Buch

Welch wunderbares Schauen
Schenkt mir dieses Buch.
Der Tag hat nicht Stunden,
Nicht Helle genug
Zu schöpfen aus quellklaren Tiefen,
Die Ewigkeiten durchliefen.

Lerchenlied

Kleine Lerche! Wie groß ist Dein Lied,
Das im strahlenden Blau seine Kreise zieht.
Wie ein Kinderlachen das Herz erhellt,
So perlst Du Dein Lied in das Seufzen der Welt.

Kleine Lerche! Im Werden des Maien
Schenkst Du dem Menschen ein Erdenbefreien
Und ziehst ihn hinauf - in das göttliche Licht.
Du Kleine - Du Große! Beschämt uns das nicht?

Doch schon formt sich leise und schüchtern ein Wort...
Und das Wort wird ein Lied, und das Lied schwingt sich fort,
Über Tiefen jubelnd - Ton reiht sich an Ton...
Und nun liegt es als Dank vor des Ewigen Thron.

Im Mai

Ich ging durch alle Gassen,
Besah mir jedes Haus,
Die Fenster, sonst verlassen,
Wie sahn sie festlich aus!

Ein jedes trug sein Fähnlein,
Sein grünes Tannenreis -
Und irgendwo ein Vöglein
Sang eine feine Weis'.

War da ein Mann gekommen,
Ein Mann von seltner Kraft.
Was der sich vorgenommen,
Das hat er auch geschafft.

Er tat nicht groß befehlen,
Sein Wille brach sich Bahn.
Er rüttelt' an den Seelen,
Er rief den Herrgott an.

Ist auch das Lied verklungen,
Das, wo ein Vöglein sang:
Nun singen tausend Zungen
Ihr ganzes Leben lang.

Verwandelt sind die Gassen,
Der Tag ist lichtbestreut
Und trägt ein Goldumfassen
Am hellen Arbeitskleid.

Über alles Leid

Über alles Leid, mein Kind,
Strahlt die Sonne - geht der Wind.
Über alles Menschenirren,
Über alles Fehlen,
Über Schuld und Kettenklirren,
Über Not der Seelen,
Immerzu strahlt die Sonne - geht der Wind,
Merk es Dir, mein Kind.

Laß es Dir zum Troste sein:
Einer lenkt auch Dein Geschick,
Sendet seiner Sonne Schein
Dir im rechten Augenblick.
Einer lebt - und webt den Faden,
Einer will Dir Vater sein.
Einer nur - der Gott der Gnaden -
Läßt Dich nicht allein!

Tischsprüche

1

Der Herrgott ließ wachsen,
Was der Landmann gesät,
Des laßt uns voll Dank sein,
Frühmorgens und spät!

2

Spräche ein Höherer nicht das Werde,
Müßten wir hungern auf dieser Erde.
Drum lasset uns niemals das Danken vergessen!
Nach geistiger Speise - nach leiblichem Essen.

Ward Dir ein Weh

Ward Dir ein Weh - so such es still zu tragen,
Versuch's als Prüfstein anzusehn.
Vielleicht will Gott Dir etwas damit sagen,
Vielleicht auch - wirst Du es verstehn.

Jedweder Mensch hat wohl sein Bündlein Sorgen,
Er kennt die Nacht, die ohne Licht.
Doch jemand wird sein Auferstehungsmorgen,
Die Heilandsworte trügen nicht.

War nicht voll Dornen auch sein Erdenleben,
Mußt' er nicht auch den Kreuzweg gehn,
Kann das nicht Kraft, nicht Halt Dir geben,
Was in Gethsemane geschehn?

Drum such Dein Weh still wie ein Held zu tragen,
Versuch's als Prüfstein anzusehn.
Vielleicht will Gott Dir etwas damit sagen,
Vielleicht auch - wirst Du es verstehn.

Vorweihnacht

Kahl stehn die Felder, öd und leer,
Und grauer Nebel schwebt darüber.
Die Nächte sind so schwarz und ach - so lang.
Und Seufzer gehn, denn Dunkelheit macht bang.

Erwartung liegt in jedem Angesicht
Und Sehnsucht - und der Glaube an das Licht!
Bald kommt die Wende, kommt der Weihnachtsstern.
Licht ist erstanden! Klingt es schon von fern.

Die Finsternis schließt enger unsre Reihn!
Wir können wieder fromm wie Kinder sein.
Und zu der Mutter eilet unser Sinn
Als zu dem Mittelpunkt des Festes hin.

Ihr Dasein - das ist Weihe und Beginn,
Das lenkt uns zu der Lebenswende hin,
Zu diesem ewigen Naturgeschehn,
Zu dem auch ich - und Du - wir alle stehn.

Das letzte Lied

Wenn ich dereinst mal nicht mehr atmen werde,
Wenn mir zu eng das graue Kleid der Erde,
Dann, Kinder, bin ich nur mal eben fortgegangen
Auf jenen heil'gen Berg, wo ew'ge Sonnen hangen.

Ihr dürft nicht traurig sein, versprecht es mir, ich komm'
                                        ja wieder!
Ich lass' mich dann, des seid gewiß, in Eurer Seele nieder,
So ganz verschwiegen - wißt Ihr - in geheimster Stund'
Senk' ich mein Wurzelwerk ganz tief in Euren Grund.

Und alles, was Euch freut und heilig Euch bewegt
Und was Ihr sonst an Schönem still beiseite legt,
Und sind es Wunden gar - wohl auch ein tiefer Schnitt,
Ich sauge alles ein... und alles leb' ich mit!

Wenn ich, entrückt dem Wolkendunst der Erde
So sonnverwandelt mit Euch schreiten werde,
Dann könnt Ihr nicht im Meer der Not versinken,
Denn immer wird für Euch mein stilles Lichtlein blinken.

Und habt Ihr Euch mal etwas Feines ausgedacht
Im trauten Kreis, und alles strahlt in Euch und lacht,
Dann singt ein Liedchen - leise noch - vorm Schlafengehn,
Vielleicht, daß Euch mein Hauch dann streift im Abendwehn...

Denn wenn ich einmal nicht mehr atmen werde,
Wenn mir zu eng das dunkelgraue Kleid der Erde,
Dann hat mein Mund Euch zwar das letzte Lied gesungen,
Doch bleibt mein Geist in Eurem Blut - wir sind uns nah
                    und halten uns umschlungen.

Anstatt eines Nachwortes

Am Kanal

Dort -
wo die Stürme tosen,
    brausen
über weites Land,
    hab´ ich
    so oft an dich gedacht,
    an dich,
    mein Lieb´

vom Rhein.

Und
manches Mal
     - in dunkler Nacht -
     schaut' ich
die goldnen Sterne
und las darinnen
freudig froh,
daß ich dich
     wieder find!

So hab' ich immer,
stetig nur
an dich gedacht,
     an dich
vom schönen Rhein.

Erich Weise
(Schwiegersohn)

Licht und Dunkel

Eine Welt
nur aus Blumen
gibt es nicht.
Ich suche sie im Paradies.

Eine Welt
nur aus Tränen
gibt es nicht.
Ich lasse sie tief unten
im höllischen Verlies.

Einer Welt
aus vielen Tränen
such' ich
wunderschöne Blumen,
dann wird aus einem Erdverlies
schon bald ein Erdenparadies.

Wolf Weise
(Enkel)